AF250515

L'OMBRE
DE NAPOLÉON,

POUR LA FRANCE,

AU

MONDE DÉMOCRATIQUE OU CONSTITUTIONNEL,

CONTRE LES

Rois absolus de l'Europe,

EN GUERRE, CONTRE

MEHEMET-ALI;

PAR

Charles Picard, (de Montauban)

TOULOUSE,

IMPRIMERIE ET LITHO. DE LAGARRIGUE ET DOURS,

RUE DU TAUR 46.

1840.

PRÉFACE.

Ombre de Napoléon ! Retourne au ciel !

Pourquoi me cherches-tu dans le temps et dans l'espace ?

Pour t'adorer.

Femme du peuple bénie ! Mais pourquoi pleures-tu ?

Ombre de Napoléon ! Retourne au ciel !

Pourquoi me cherches-tu dans le temps et dans l'espace ?

Pour t'aimer.

Femme du peuple bénie! Mais pourquoi pleures-tu ?

Ombre de Napoléon ! Retourne au ciel !

Pourquoi me cherches-tu dans le temps et dans l'espace ?

Pour embrasser tes genoux, sécher les larmes de ton enfantement.

Femme du peuple bénie ! Mais pourquoi pleures-tu ?

Ombre de Napoléon ! Retourne au ciel !

Pourquoi me cherches-tu dans le temps et dans l'espace?

Pour bénir, aimer ton premier né; l'enfant du peuple chéri.

Femme du peuple bénie ! Mais pourquoi pleures-tu ?

Ombre de Napoléon ! Retourne au ciel !

Pourquoi me cherches-tu dans le temps et dans l'espace?

Pour chanter avec toi la gloire de ton premier né; l'enfant du peuple chéri.

Femme du peuple bénie! Mais pourquoi pleures-tu ?
Ombre de Napoléon ! Retourne au ciel !

Pourquoi me cherches-tu dans le temps et dans l'espace?

Pour que l'enfant du peuple chéri, ne verse plus le
sang du genre humain, par les guerres de peuples libres
à peuples libres, d'homme libre à homme libre.

Femme du peuple bénie ! Mais pourquoi pleures-tu?

Ombre de Napoléon ! Retourne au ciel !

Pourquoi me cherches-tu dans le temps et dans l'espace?

Pour te faire élever un autel dans l'assemblée des peuples?

Femme du peuple bénie ! Mais pourquoi pleures-tu ?

Ombre de Napoléon ! Retourne au ciel !

Pourquoi me cheches-tu dans le temps et dans l'espace?

Amour, un autel ! A la femme du peuple chérie, à
l'enfant du peuple chéri.

Gloire, respect à la France et au peuple
dans tous les siècles *!*

Peuple Français! tu es grand , comme la liberté t'a fait grand aux yeux des peuples, tes frères, appelés par toi à devenir libres ;

Tu es saint, comme la liberté sainte te sanctifie.

Tu es dévoué ou fraternel, comme la fraternité , sœur de l'égalité, se dévoue pour tous, de tous à tous.

Tu es demandeur de l'égalité autant que l'infirmité humaine peut la comporter devant la loi , la justice; de l'égalité de fortune, par l'échange d'un salaire honnète par le travail; de l'égalité politique qui doit te créer une patrie.

Tu es demandeur de la réforme électorale ; ne doit-on pas au dix-neuvième siècle d'égalité chrétienne, mettre cette loi en question dans les chambres ; tant elle est juste.

Tu es libre ; parce que tout peuple souverain est libre.

Tu es souverain ; parce que tout peuple libre est souverain.

Tu es fraternel ; parce que tout peuple libre souverain est fraternel.

Tu es perpétuel; parce que tout peuple libre souverain fraternel , est perpétuel.

Tu es immuable; parce que tout peuple libre souverain fraternel, perpetuel, est immuable.

Tu es infaillible ; parce que tout peuple libre , souverain , fraternel , perpétuel , immuable, est infaillible.

Tu es un; parce que tout peuple libre , souverain , perpétuel, fraternel , immuable, infaillible est un.

Tu es saint ; parce que tout peuple , libre , souverain, fraternel , perpétuel , immuable, infaillible, un, est saint.

Tu es catholique ou universel , parce que tout peuple, libre , souverain, fraternel , perpétuel, immuable, infaillible un, saint, est catholique ou universel.

Etant catholique, ou universel, saint, un , infaillible, immuable, perpétuel , fraternel, souverain , libre , tu es peuple ton génie politique semblables aux lois, aux arts , à l'esprit , au génie du christianisme.

Tu es libre ; qu'on reconnaisse que ta liberté est compromise par le monde absolu.

Tu es souverain et ta souveraineté a été entravée par l'outrage des rois alliés : haute souveraineté qui s'exprime par l'organe de trentre trois ou trente quatre millions de voix, et l'universalité ou catholicité des peuples. Qui opposera-t-on ?

Tu as une volonté ; elle a été méprisée par l'outrage des rois absolus , alliés.

Vous êtes universels ou catholiques ; le monde pour défendre vos droits éternels, et l'atome voudrait-il aujourd'hui anéantir le monde ; et le néant se dresserait-il en antéchrist politique , les rois alliés, pour étouffer aujourd'hui les peuples dans l'esclavage, prêcher l'esclavage ou négation des peuples, et semblablement étouffer les peuples chrétiens dans l'esclavage de religion, prêcher l'esclavage religieux on négation des peuples chrétiens, négation du christianisme.

Car, tout gouvernement politique, est basé sur une religion.

Or tout gouvernement politique vrai, est basé sur une religion vraie.

Or le christianisme est la seule religion vraie, elle ne doit , elle ne peut avoir été conçue de Dieu que pour appuyer un seul gouvernement politique vrai.

Si donc le christianisme est la seule religion vraie qui doit , et ne peut qu'avoir été conçue de Dieu pour appuyer un seul gouvernement politique vrai, Dieu a conçu aussi nécessairement , que le christianisme devait engendrer. les lois du gouvernement politique vrai ; car quelles lois politiques plus vraies, éternelles, immuables peut-on trouver que celles qu'on peut transcrire fidélement du génie du christianisme, semblablement pour le gouvernement politique.

Or quel gouvernement est politique, admirable, que celui qui aurait sa racine dans le génie du christianisme : comme il y aurait fusion.

Il y a démocratie dans l'église; il faut démocratie dans les gouvernemens politiques; ou tendance vers la démocratie dans les gouvernemens sous la loi chrétienne.

Donc la démocratie est le seul gouvernement politique vrai, conçu de toute éternité par le fils de l'homme, semblablement au christianisme, pour le monde politique chrétien.

Ainsi pense-t-on rompre la chaine qui embrasse tous les français libres, chrétiens, et tous les autres peuples unis à cette même chaine qui forme une immense circonférence circonscrivant le monde.

Peuple Français, tu est saint; parce que la liberté sainte te sanctifie, et l'outrage des nations à la France sera lavée un jour dans leur propre sang par le peuple saint; les peuples saints.

Tu es grand; parce que tu es l'apôtre des nations modernes de l'évangile de la sainte liberté, et l'outrage des alliés à la France sera un jour lavée dans leur sang par toi peuple grand, l'apôtre des nations modernes de l'évangile de la sainte liberté, et tous les peuples saints descendant alors de la montagne du calvaire de l'esclavage du martyre politique, se rangeant sous ton étendard.

Pourquoi te rapetisse-t-on aux yeux des nations?

Pourquoi t'avili-t-on aux yeux des peuples?

Si mon ombre de Napoléon respectueuse, nationale, qui fit trembler à mes pieds, les rois absolus de l'Europe, peut se faire entendre dans l'assemblée universelle des peuples vivans devant Dieu, sous la lumière du soleil qui les éclaire, sans crainte de les irriter puisque ma

vie entière, mon génie furent employés à les braver,
les humilier, avec mes braves, invincibles français à
mes côtés, pour le bonheur, la gloire de la France;

Je leur dis :

Devant le peuple Français adorant l'ombre de Napoléon
et devant les peuples de l'univers respectant l'ombre de
Napoléon:

Rois absolus du monde et de l'Europe?

Vous n'êtes pas la souveraineté ? Le peuple.
Qui peut-on admettre pour roi hors? Le peuple.
Ou aller chercher un titre qui est dans? Le peuple.
Le monde reconnait, a reconnu que tout roi est ?
Le peuple.
On ne peut concevoir aujourd'hui que les rois absolus
exclus par? Le peuple.
Les rois absolus seront chassés tôt ou tard par ? Le peu-
ple.
Vous vous présentez toujours devant? Le peuple ?
Qui a toujours versé son sang pour la liberté et la
verra luire un jour? Le peuple.
Qui a combattu trois jours à Paris ? Le Peuple.
Qui a conquis ses droits éternels retenus? Le peuple
Qui vous fait promettre la liberté? Le peuple.
A qui promettez-vous du pain? Au peuple.
A qui promettez-vous toujours de la gloire ? Au peu-
ple.

A qui promettez-vous d'être le défenseur du pays? Au peuple.

Pourquoi retenez-vous un salaire honorable aux ouvriers? Au peuple.

Qui vous demande compte de l'indigence du laboureur? Le peuple.

Qui fait de vœux au ciel pour qu'on l'instruise? Le peuple.

Qui a proclamé la liberté de la presse? Le peuple.

Qui a toujours aimé la religion? Le peuple.

Qui respectera toujours les ministres des autels? Le peuple.

Qui veut protection pour la veuve et l'orphelin? Le peuple.

Qui attend encore l'accomplissement de vos promesses? Le peuple.

Qui demande aujourd'hui que vous régniez par les lois? Le peuple.

Qui vous demande compte aujourd'hui, rois alliés de l'outrage fait à la France? Le peuple.

Qui veut que sa gloire soit respectée par les alliés? La France? Le peuple.

Qui veut que le nom français ne soit pas baffoué aux yeux des nations selon les lois de vos caprices; rois alliés, la France? Le peuple.

Qui crie sur les places publiques dans toute la France, le monde, guerre contre les rois alliés? Le peuple.

Quels sont les cœurs qui battent dans toute la France, pour la guerre contre les rois alliés? Le peuple.

Qui chante sur tous les théatres de France les hymnes à la guerre contre les rois alliés ? Le peuple.

Qui obtient dans toute la France des directions théatrales, que les acteurs entonnent l'hymne à la guerre con tre les rois alliés ? Le peuple.

Qui fait les vœux les plus solennels pour commencer la guerre contre les rois alliés ? Le peuple.

Y a-t-il de plus grande, de plus sure nécessité de faire une guerre nécessaire, que quand la trouve nécessaire? Le peuple.

Quelle plus grande autorité souveraine peut commander la guerre contre les rois alliés que ? Le peuple.

Quelle plus sainte volonté souveraine peut vouloir la guerre contre les rois alliés que ? Le peuple.

Quelle plus droite justice souveraine peut juger la guerre juste contre les alliés que ? Le peuple.

Quelle plus haute intelligence souveraine, peut avoir compris la guerre nécessaire contre les rois alliés ? le peuple.

Quel génie plus universel, peut avoir conçu la guerre, devoir arriver contre les rois alliés ? le peuple.

Quelle résolution plus énergique à opposer, que celle que peut opposer ? le peuple.

Quelle plus noble, plus généreuse défense des autels de la patrie, peut-on espérer que par le bras, le génie français, le monde ? le peuple.

Quelle défense plus stoïque des ministres de la religion, peut-on attendre que par le bras, le génie Francais, le monde ? Le peuple.

Quelle plus éclatante vengeance des alliés peut-on souhaiter que celles qu'en tirera le bras, le génie Français, le moude ? Le peuple

Qu'elle plus belle victoire peut-on espérer de remporter
que celle que remportera le monde sur les alliés par
le bras , le génie français ? Le peuple.

Quelle espérance mieux fondée, que celle des peuples esclaves modernes , d'espérer leur liberté par le bras, le
génie français, le monde? le peuple.

Quelle gloire plus vrai pour la France, que celle d'af-
franchir les peuples esclaves modernes de l'esclavage politique par le bras, le génie français, le monde? Le peuple.

Qui ne s'inclinera donc pas aujourd'hui devant la
grande figure? Le peuple.

Qui n'inclinera donc pas aujourd'hui toujours, son front
jusqu'à terre devant la grande figure? Le peuple.

Quelle créature humaine refusera donc aujourd'hui, toujours de s'incliner devant la grande figure? Le peuple.

Quelle autorité, volonté, justice, intelligence, courage,
genie humain, refusera-t-il de s'incliner aujourd'hui toujours devant la grande figure ? Le peuple.

Proclamons la souveraineté de la grande figure? Le peuple.

Proclamons la liberté de la grande figure ? Le peuple.

Proclamons la fraternité de la grande figure ? Le peuple.

Proclamons l'égalité de la grande figure? Le peuple.

Proclamons la perpétuité de la grande figure? Le peuple.

Proclamons l'immuabilité de la grande figure? Le peuple.

Proclamons l'infaillibilité de la grande figure? Le peuple.

Proclamons l'unité de la grande figure? Le peuple.

Proclamons la sainteté de la grande figure ? Le peuple.

Proclamons l'universalité ou catholicité de la grande
figure? Le peuple.

Ombre de Napoléon je m'incline devant la grande
figure? Le peuple.

Ombre de Napoléon ! que mon génie pâlisse devant la grande figure?   Le peuple.

Ombre de Napoléon! je bénis la grande figure? Le peuple.

Peuples: l'Europe constitutionnelle, le monde s'agite contre les vieilles sociétés ?

Peuples: l'Eternel tient dans sa main droite le monde démocratique ou constitutionnel, il lance, précipite les monarchies absolues, de sa main gauche dans le néant.

Peuples: l'Eternel descend sur la terre pour annoncer la fin du monde, par le règne des monarchies absolues, destruction universelle des peuples , si vous n'établissez dans le monde, le gouvernement constitutionnel ou démocratique, le seul gouvernement politique universel ou catholique, conçu de toute éternité, par le fils de l'homme, semblablement au christianisme universel ou catholique, pour le monde politique , universel ou catholique chrétien.

Peuples: triomphe soit au monde constitutionnel ou démocratique par le génie de la France, ou croyez à une destruction universelle des empires existans, si tous, vous vous laissez gouverner par des monarchies absolues, gouvernemens humains, à vie humaine; car la destruction des monarchies absolues commence, comme la vie humaine, au premier souffle de vie d'aller en déclinant jusqu'à la mort.

Je vous dis cela, en tant que si vous êtes hommes; et en tant que si vous êtes hommes chétiens; je vous dis en assurance que vous êtes trop parfaits pour un gouvernement absolu, néant, et qu'il est impossible qu'un gouvernement absolu puisse s'asseoir au foyer, au milieu des races chrétiennes.

L'Eternel a gravé au ciel, destruction des monarchies absolues, ne serait-il pas plaisant que le christianisme tendant à faire les hommes libres en Dieu, un gouvernement politique vint avec une tendance vers l'esclavage politique. Je ne conçois pas, un peuple esclave politiquement; libre religieusement. Approfondissez, rois absolus, il vous appartient encorede sauver le monde, en reconnaissant les droits du peuple.

Si vous avez outragé la France, vous avez outragé le monde entier, car le gouvernement constitutionnel est un gouvernement de tendance universelle ou catholique.

Il y aurait alors:

Vengeance à l'Angleterre ;

Guerre aux Russes;

Humiliation à l'Autriche;

Envahissement à la Prusse.

Je te salue : soldat des nations esclaves ; prends les armes! va combattre pour la patrie commune des peuples?
Le monde .

Mon honneur, ma gloire, ma vie, mes armes sont au
peuple souverain. Ombre de Napoléon!

Je te salue soldat des nations esclaves prends les armes !
Va combattre pour les autels de l'Europe constitutionnelle
ou démocratique contre les idoles de l'Europe absolue.

Mon honneur, ma gloire, ma vie , mes armes sont au
peuple libre. Ombre de Napoléon!

Je te salue soldat des nations esclaves; prends les armes!
Va combattre pour rassurer la sainte liberté sur la
terre.

Mon honneur, ma gloire, ma vie, mes armes sont au
peuple fraternel. Ombre de Napoléon!

Je te salue soldat des nations esclaves; prends les armes!
Va combattre pour établir la fraternité dans les sociétés
modernes.

Mon honneur, ma gloire, ma vie, mes armes sont aux peuples égaux. Ombre de Napoléon!

Je te salue soldat des nations esclaves prends les armes! Va combattre pour établir l'égalité dans les sociétés modernes.

Mon honneur, ma gloire, ma vie, mes armes sont au peuple perpétuel. Ombre de Napoléon!

Je te salue soldat des nations esclaves; prends les armes! Va combattre pour assurer la perpétuité populaire ou démocratique.

Mon honneur, ma gloire, ma vie, mes armes sont an peuple immuable. Ombre de Napoléon!

Je te salue soldat des nations esclaves; prends les armes! Va combattre pour l'immuabilité populaire ou démocratique.

Mon honneur, ma gloire, ma vie, mes armes sont au peuple un. Ombre de Napoléon!

Je te salue soldat des nations esclaves; prends les armes! Va combattre pour l'unité populaire ou démocratique.

Mon honneur, ma gloire, ma vie, mes armes sont au peuple saint. Ombre de Napaléon!

Je te salue soldat des nations esclaves; prends les armes! Va combattre pour la sainteté populaire ou démocratique.

Mon honneur, ma gloire, ma vie, mes armes, sont au peuple universel ou catholique. Ombre de Napoléon!

Je te salue soldat des nations esclaves; prends les armes! Va combattre pour l'universalité ou catholicité populaire ou démocratique.

Mon honneur, ma gloire, ma vie, mes armes sont au génie du peuple.

Je te salue soldat des nations esclaves; prends les armes ! Va combattre pour le génie populaire démocratique

Mon honneur, ma gloire, ma vie, mes armes sont au peuple infaillible.

Je te salue soldat des nations esclaves; prends les armes! Va combattre pour l'infaillibilité du peuple.

Mon honneur, ma gloire, ma vie, mes armes sont à la grande figure, le peuple. Ombre de Napoléon !

Je te salue soldat des nations esclaves; prends les armes ! Va combattre contre les rois alliés, pour les peuples souverains unis pour se créer une patrie terrestre commune. Le monde.

Mon honneur, ma gloire, ma vie, mes armes sont à la liberté au peuple. Ombre de Napoléon!

Je te salue soldat des nations esclaves; prends les armes! Va combattre contre les alliés, pour les autels de l'Europe constitutionnelle ou démocratique, contre les idoles de l'Europe absolue.

Mon honneur, ma gloire, ma vie, mes armes, sont à la fraternité du peuple. Ombre de Napoléon!

Je te salue soldat des nations esclaves; prends les armes! Va combattre contre l'Angleterre, la Russie, l'Autriche, la Prusse, liées pour étouffer la souveraineté, la liberté, la fraternité, l'égalité, perpétuité, immuabilité, unité, sainteté, catholicité ou universalité; infaillibilité des peuples dans les sociétés modernes.

Mon honneur, ma gloire, ma vie, mes armes sont à l'égalité, au peuple. Ombre de Napoléon!

Je te salue soldat des nations esclaves ; prends les armes ! Va combattre pour la France contre les alliés.

Mon honneur, ma gloire, ma vie, mes armes sont à la perpétuité populaire. Ombre de Napoléon. !

Je te salue, soldat des nations esclaves ; prends les armes ! Va combattre contre les sociétés absolues, pour l'apôtre des nations modernes de l'évangile de la sainte liberté.

Mon honneur, ma gloire, ma vie, mes armes sont à l'immuabilité populaire. Ombre de Napoléon!

Je te salue, soldat des nations esclaves ; prends les armes, va combattre sous l'enseigne de la France à la tête de tous les peuples universels qui veulent s'émanciper, s'organiser selon leurs mœurs, leurs besoins, leurs progrès, leurs intérêts.

Mon honneur, ma gloire, ma vie, mes armes sont à l'unité populaire. Ombre de Napoléon !

Je te salue soldat des nations esclaves; prends les armes ! Va combattre pour le paupérisme.

Mon honneur, ma gloire, ma vie, mes armes sont à la sainteté populaire.

Je te salue soldat des nations esclaves ; prends les armes ! Va combattre afin que le labeur de l'ouvrier fructifie.

Mon honneur, ma gloire, ma vie, mes armes sont à l'universalité ou catholicité populaire.

Je te salue soldat des nations esclaves; prends les armes ! Va combattre pour le pauvre laboureur qui travaille à l'ardente canicule le sol de la patrie, qui a le front couvert de moites sueurs ruisselant sur son maigre visage, ses regards tournés vers le ciel, sa poitrine sanglottante, son corps défaillant sous le poids du travail ; car il n'avait en partage à son repas sur sa table qu'un peu de pain noir, pour lui, sa femme, ses enfants, sa vieille mère assise au coin du feu.

Mon honneur, ma gloire, ma vie, mes armes sont pour le gouvernement constitutionnel, le peuple. Ombre de Napoléon !

Je te salue, soldat des nations esclaves ; prends les armes ! Va combattre pour le gouvernement démocratique.

Mon honneur, ma gloire, ma vie, mes armes sont pour le gouvernement constitutionnel ou démocratique, le peuple ! Ombre de Napoléon.

Je te salue soldat des nations esclaves ; prends les armes ! Va combattre pour la veuve et l'orphelin.

Mon honneur, ma gloire, ma vie, mes armes sont à la veuve et l'orphelin, au peuple. Ombre de Napoléon !

Je te salue soldat des nations esclaves, prend les armes va combattre pour la liberté de la presse.

Mon honneur, ma gloire, ma vie, mes armes sont pour la liberté de la presse, le peuple. Ombre de Napoléon !

Je te salue soldat des nations esclaves ; prend les armes ! Va combattre pour ramener sur la terre l'ordre par le règne de la justice.

Mon honneur, ma gloire, ma vie, mes armes sont pour ramener sur la terre l'ordre par le règne de la justice.

Je te salue soldat des nations esclaves ; prend les armes ! Va combattre pour ramener dans les nations, au foyer domestique des peuples, l'abondance, la joie, la paix, le bonheur.

Mon honneur, ma gloire, ma vie, mes armes, sont pour ramener dans les nations, au foyer domestique des peuples, l'abondance, la joie, la paix, le bonheur! Ombre de Napoléon !

Je te salue soldat des nations esclaves, prends les armes, Va combattre pour délivrer à tout jamais les nations de l'esclavage, de l'oppression, de la misère, car le jour de l'affranchissement des peuples est venu, le monde s'agite, se lève contre le despotisme, l'absolutisme des rois.

Mon honneur, ma gloire, ma vie, mes armes sont pour délivrer à tout jamais les nations de l'esclavage, de l'oppression, de la misère ; car le jour de l'affranchissement des peuples est venu ; le monde s'agitant, se levant contre le despotisme, l'absolutisme des rois. Le peuple. Ombre de Napoléon.

Je te salue soldat des nations esclaves ! prend les armes, va combattre pour l'éducation et l'instruction des peuples!

Mon honneur, ma gloire, ma vie mes armes, sont pour l'éducation et l'instruction des peuples! Ombre de Napoléon !

Je te salue soldat des nations esclaves ; prends les armes ! Va combattre pour faire respecter les ministres, les temples, les autels de la religion.

Mon honneur, ma gloire, ma vie, mes armes, sont pour faire respecter les ministres, les temples, les autels de la religion, le peuple. Ombre de Napoléon! chère, chérie, adorée des Français et du monde entier.

Adieu pour l'éternité soldat des nations esclaves. Je bénis tes armes.

Des temps, des temps de paix ont passé sur le monde
Quand soudain on entend une clameur profonde,
Un bruit universel confondant tout esprit
S'engendrant dans le sein du peuple qui gémit,
C'est le *moi* souverain des peuples en fermente,
Sous tout sceptre de fer, à la voix puissante,
Qui proclament partout leur souveraineté
Leurs saints droits éternels par leur sang racheté:
La misère, la faim, les cachots, l'esclavage,
C'est l'Europe à genoux dans son noble langage,
Demandant : liberté, égalité, bonheur,
Ce bonheur tant promis oublié par malheur.

Ce bruit sourd est profond sa cause est surhumaine
On dirait que le ciel anime une ombre vaine,

Ressuscite un héros qui soumit l'univers,
En remuant ses os sur l'empire des mers :
L'Orient le bénit, L'Occident le désire,
Le Nord en a tremblé, le Sud déjà soupire.
C'est un désordre affreux au sein des nations
Le cri de guerre en sort ; parlent les passions.
Qu'est-ce à dire cela ? Le monde est-il en guerre
Le cercueil du grand homme a-t-il ému la terre ?
Les peuples ont-ils vu son étoile briller
Au ciel américain y poindre et scintiller ?
Voudrait-on par hasard nous disputer sa cendre
Sur le tombeau français où elle va descendre.
Jaloux de nous ravir ce grand aigle qui vît
Jusque dans le cercueil où sa dépouille gît,
Pour le peuple français qui constamment le pleure
De loin sur un rocher sa fatale demeure?
Voudrait-on enchainer, enterrer sur nos bords
Nous peuple généreux, comme un peuple de morts?
Voudrait-on saccager, incendier nos villes,
Démolir nos maisons, détruire nos familles.
Nos ports, nos *museum*, nos palais et nos cours ;
Nous ôter notre langue, et nos lois, nos amours,
Nous faire prussien, russe, anglais, dans la France?

Nous ôter à jamais tout espoir de vengeance?
Ce jour où l'on verra les cendres arriver
Sera-t-il le signal, Français, pour nous river?
Ne sera-t-il pour nous qu'un garant d'esclavage
D'un souvenir amer, un terrible héritage?

Non! nous ne verrons point notre France pâlir
Sous nos remparts croûlants plutôt s'ensevelir!
Où les cœurs sont unis, la victoire est certaine,
Quand la France brisa la ligue européenne,
Quand l'Europe fuyait devant nos étendards,
Quand l'Europe craignant nos bataillons épars.
Que l'Europe sur nous déchaîne sa furie
Napoléon viendra nous prêter son génie.

Des rois se sont unis contre l'humanité,
Ils veulent abolir la sainte liberté,
Enchaîner les humains à leurs lois despotiques
Poser leurs volontés aux français héroïques,
Leurs caprices de rois, cousus d'ambition
Et la force à la main prêcher leur mission.

Ils brûlent de Beyrouth, à la gloire immortelle

Maisons, temples, autels, l'hopital étincelle :
Vieillards infortunés, chers enfants au berceau,
Femmes, filles, grand Dieu, tout descend au tom-
[beau;
Les tombeaux sont comblés par la pierre tombante
Qui fuit de chute en chute une poutre flambante,
Sous un plancher croulant par le toit entraîné
Et maison par maison tout Beyrouth est ruiné.
La flamme jusqu'au ciel brille, monte, s'élève,
Éclaire les vaisseaux amarrés sur la grève ;
L'espace est tout en feu et la voile rougit
Le voyageur de loin s'épouvante s'enfuit.

Grand spectacle inoui donné dans ce bas monde,
Le siècle des géants d'une rage profonde
Verra-t-il sans frémir les accès délirans ?
Entendra-t-il sans pleurs les saints cris déchirans
D'un peuple que des rois égorge en ses murailles
Contre le droit sacré des gens et des batailles ?
Laissera-t-il creuser un cimetière affreux
A tout un peuple fier, célèbre, valeureux.
Par l'Anglais intrigant et le Russe barbare
Qui croit nous abuser sous son ciel dur, avare ?

Laissera-t-il chanter sur des bords affricains

L'hymne *de profondis* par ces rois inhumains,

Sans s'armer aussitôt du trident, du tonnerre

Prévenir le moment de le couvrir de terre,

Avec la pelle en fer, sous l'empire écroulé

Ce peuple noble et grand par des rois immolé?

Peuples de l'univers ! L'autorité royale,

Entend déjà sonner sa grande heure fatale ;

La France a proclamé les trois jours immortels

Des peuples le salut et leurs droits éternels;

Son règne se finit dans l'Europe chrétienne,

Brutus fit son fossé dans Rome la païenne,

Albion l'abolit; en France elle n'est pas;

En Espagne elle meurt après de longs débats ;

La Pologne a montré la liberté martyre

Le vœu de liberté ou son ame soupire ;

L'Italien jaloux se souvient d'autrefois

Quand Rome démocrate humiliait les rois.

Ainsi l'Europe croit àses droits et demande

De ses droits l'exercice au pouvoir qui commande,

Il est écrit au ciel ce nom de liberté
Avec la grande loi de souveraineté,
Chaque humain au berceau la reçoit en partage ,
Chaque peuple actuel la veut en héritage ,
Tous les peuples croyants, un jour devront l'avoir
Y tendre chaque jour, c'est le plus grand devoir.

Les temps sont arrivés pour briser l'esclavage ;
Les temps sont mûrs aussi pour montrer du cou-
[rage,
Les temps sont bien marqués pour vouloir s'af-
[franchir,
Les temps, peuples sont faits pour ne vous point
[fléchir.
Je vois à l'occident un peuple qui s'anime,
Il a l'œil enflammé, car il voit un abîme ;
Il s'arme jusqu'aux dents et fier comme un lion
Qui méprise sa proie, il méprise Albion...
Je le vois tout en deuil sur ses tristes rivages
Ses regards sont tournés vers de funestes plages,
Il adresse des vœux au Dieu de l'Univers
Sans doute pour sauver un naufragé des mers.
On dirait qu'il attend un héros invincible

Son pavillon flottant sur la vague paisible
Pour conduire ses pas, moissonner les lauriers
Qu'il moissonna jadis avec tous ses guerriers
Dans les champs étonnés de l'Europe frappée
De ses foudres tonnants, sa redoutable épée.
Mais le deuil, la douleur règne dans ces remparts
Le crèpe de la mort se mèle aux étendarts,
Un silence profond domine l'assemblée
Ce peuple est tout en pleurs près de son mausolée.
Il puise sur sa tombe et l'ardeur des combats
Et l'héroïsme pur affrontant les trépas;
Ils font tous le serment de venger la patrie
Un affront fait à tous, sur sa cendre bénie.

Tout à coup le repos se transforme en clameurs
C'est un peuple nouveau sous les armes sans pleurs,
Le doigt de l'Eternel a touché sa poitrine
Son souffle a ranimé cette race divine;
Son regard pénétrant partout est entendu
L'allégresse répond, le monde a répondu.

On voit partout voler une noire poussière!
Au loin, au loin tout près en voyant sa bannière,

Des chants ont retenti, tout bruit universel
A frappé tous les sens d'un mutisme mortel.
C'est les peuples martyrs d'un trop long esclavage,
Brisant leurs fers rouillés sur un lointain parage,
Demandant à grands cris leur sainte liberté
L'exercice formel de souveraineté.
Au nom de la raison, de la science éternelle,
Tout bonheur progressif que le temps nous révèle
Que chacun soit compté toujours dans son pays,
Que tout droit éternel ne soit plus compromis ;
Que tout droit personnel désormais soit immense
Ni restreint par l'argent, les lieux et la naissance,
Que chacun en ce monde ait sa place au soleil,
Une pierre, un abri pour faire son sommeil,
Un vêtement commun à la pudeur infirme
Du pain sûr, un foyer, un garant qui confirme,
De tous ces droits constants, universels, si beaux,
L'exercice certain jusqu'au seuil des tombeaux.

C'est les peuples nouveaux qu'une sainte alliance
Resserre fortement sous l'enseigne de France.
Ils lèvent l'étendart de la rebellion
Car le jour est venu de révolution ;
Ce jour de tous s'unir, de s'aimer de s'entendre
Pour conquérir leursdroits, les baser, les étendre :
Ce jour de tous s'armer contre un monde vieilli

Sa vieillesse s'éteint, là tout a tressailli.
Est-ce mal d'enterrer ce dur absolutisme
Le cercueil de ces rois, avec leur despotisme?

C'est les peuples nouveaux voulant s'appartenir
Par leurs droits éternels qu'on veut leur retenir ;
Voulant s'organiser suivant leurs mœurs vivantes
Leurs progrès, leurs besoins, leurs volontés puis-
[santes.
Tous les rois conjurés et leur sceptre de fer,
Tous leurs canons braqués, suscités par l'enfer,
Leurs soldats déchainés sur les peuples, les villes,
Les femmes, les enfans, les vieillards, les familles,
Le feu de leurs soldats pleuvant sur les maisons,
Du pain noir aux crieurs dans de sombres prisons,
Des sergents, des espions, la plus ferme police,
Connaissant des esprits, leurs plaintes, leur suppli-
[ce.
Détruiront-ils jamais la souveraineté :
Son synonime saint, proscrite liberté :
Cette loi dans les cœurs profondément écrite
Spectre de leur pouvoir, du peuple favorite ?
La crainte détruit-elle un principe éternel ?
L'Ambition des rois, un riche sensuel,
Qui boit le sang du peuple au sein de la mollesse,
Les sueurs de son front sur le char de richesse,

Les larmes de ses nuits sur un lit de duvet
Ses angoises du jour sous l'ombre d'un bosquet;
De grands sots comprimant ses principes solides,
La loi chrétienne enfin, faux esprits homicides,
Dédaignant hautement la révolution
La gloire du pays, des peuples l'union;
Les hommes du passé à l'esprit retrograde
Endormis sur sa fosse en chantant sa ballade :
Les hommes sans vouloir, indifférents à tout;
Les stationnaires, mais coupables surtout,
Préviendront-ils jamais ses hautes conséquences,
Ses effets aujourd'hui avec des réticences?
Sa cause a son principe au sein de l'Eternel
Elle doit triompher dans ce temps actuel.
Préviendront-ils lamort du vieux monde qui râle
La lutte contre lui qui lui sera fatale.

Non, les temps sont venus, Peuples Européens
De bénir en ce jour les bienheureux destins!
La France, liberté, dans sa gloire est atteinte!
Si cet affront est vrai, non des rois une feinte,
Pour s'armer contre nous et ne point échouer,
Contre vos volontés, lesrois sont à louer.

Si les fiers alliés ont méprisé la France
Aux yeux des nations avec cette arrogance,

Qui veut régler le sort de l'empire Ottoman,
Sans nous et contre nous le français à l'encan;
Si les fiers alliés ont méprisé le monde
Compromis l'univers sur la terre et sur l'onde;
Si les fiers alliés sur une vaste mer
Ont lancé le boulet l'autre jour, avant-hier
Contre Beyrouth tombant, chancelant sur ses rui-
[nes

Laisserons-nous en paix nos canons, nos machines?
Notre nom se flétrir, notre gloire faner,
Laisserons-nous à mort un peuple condamner.
Si les fiers alliés méprisant notre enseigne
N'ont nul respect pour nous où notre grand nom
[règne,

Réglent de l'Orient, la haute question
Contre l'esprit français, toute la nation;
Soumettent à leurs lois la Méditerrannée
Y brûlent nos vaisseaux une belle journée;
Si l'Egypte cèdant, ouvre ses arsenaux
Voit son peuple noyé sous l'onde des canaux,
Voit son peuple égorgé, dévoré par les flammes,
Voit son peuple engloûti sous l'effort de leurs rames
S'ils viennent nous ravir bientôt, bientôt Alger
S'insurgeant à leurs voix. Est-il hors de danger?
S'ils viennent sous nos murs insulter nos rivages
Dresserons-nous contre eux nos canons nos baga-
[ges?

Franchirons-nous le Rhin ? ces éternels glaciers
Que franchirent jadis nos si vaillants guerriers ?
Aurons-nous oublié le chemin de la gloire ?
Illustré chaque jour au prix d'une victoire ?
Qui conduit sous les murs de Vienne et de Berlin
Craindrons-nous d'approcher des hauts pieds du
[Kremlin ?
N'embrasserons-nous point la Pologne souffrante ?
Les peuples oppressés dans une longue attente ;
Tous les peuples voulant l'émancipation,
Leur ouvre ses grands bras la révolution.

Nous grand peuple français voudrons, voudrons
[la guerre ;
Si nous sommes flétris par la fière Angleterre :
Par ces rois absolus que notre aîgle abattit
Napoléon le grand que notre moi bénit.
Oui ,nous la jurerons sur ses cendres divines
De mourir, s'il le faut, sur le sol de nos ruines ;
Sur l'évangile saint de notre liberté
Au prix de notre sang noblement racheté,
Les trois jours immortels, l'honneur de notre Fran-
[ce,
Du monde le salut, des peuples la croyance,
Où les rois sont déchus par leur infirmité
Par le dogme éternel de souveraineté ;
Où l'on lit en grands traits : *Réforme électorale*
Egalité pour tous, franchise libérale,
Hausse juste du prix du labeur des ouvriers ;
Fraternité ; honneur au peuple des guerriers.

Franchirons-nous le Rhin ? ces éternels glaciers
Que franchirent jadis nos si vaillants guerriers ?
Aurons-nous oublié le chemin de la gloire ?
Illustré chaque jour au prix d'une victoire ?
Qui conduit sous les murs de Vienne et deBerlin
Craindrons-nous d'approcher des hauts pieds du
                                        [Kremlin ?
N'embrasserons-nous point la Pologne souffrante ?
Les peuples oppressés dans une longue attente;
Tous les peuples voulant l'émancipation,
Leur ouvre ses grands bras la révolution.

Nous grand peuple français voudrons, voudrons
                                        [la guerre;
Si nous sommes flétris par la fière Angleterre :
Par ces rois absolus que notre aîgle abattit
Napoléon le grand que notre moi bénit.
Oui ,nous la jurerons sur ses cendres divines
De mourir, s'il le faut, sur le sol de nos ruines;
Sur l'évangile saint de notre liberté
Au prix de notre sang noblement racheté,
Les trois jours immortels, l'honneur de notre Fran-
                                        [ce,
Du monde le salut, des peuples la croyance,
Où les rois sont déchus par leur infirmité
Par le dogme éternel de souveraineté ;
Où l'on lit en grands traits: *Réforme électorale*
Egalité pour tous, franchise libérale,
Hausse juste du prix du labeur des ouvriers ;
Fraternité ; honneur au peuple des guerriers.